Ingrid Kellner

Geburtstagsgeschichten

Illustrationen von Betty Sack

Die Deutsche Bibliothek – CIP-Einheitsaufnahme

Kellner, Ingrid:
Lesepiraten-Geburtstagsgeschichten / Ingrid Kellner.
Ill. von Betty Sack.
– 1. Aufl. – Bindlach : Loewe, 2000
(Lesepiraten)
ISBN 3-7855-3463-9

Der Umwelt zuliebe ist dieses Buch
auf chlorfrei gebleichtem Papier gedruckt.

ISBN 3-7855-3463-9 – 1. Auflage 2000
© 2000 Loewe Verlag GmbH, Bindlach
Umschlagillustration: Betty Sack
Reihengestaltung: Angelika Stubner

Inhalt

Selbst gemacht

„Was soll ich nur
meiner Freundin Trixi
zum Geburtstag schenken?",
überlegt die Hexe Esmeralda.
Und weil ihr nichts einfällt,
fliegt sie einfach
in den Hexen-Geschenke-Laden.

Er ist voll mit Zauberzeug:
Büchern, Besen,
Kräutern, Wurzeln,
Spinnweben, Staubflocken,
Ketten und Klimbim.

„Was darf's denn sein?",
fragt die Verkäuferin.
„Ein Geburtstagsgeschenk
für meine Freundin",
erklärt Esmeralda.

„Wir hätten hier
sehr leckere Zaubertränke",
sagt die Verkäuferin.
„Nur neunundneunzig
das Fläschchen."

Esmeralda schluckt.
„So teuer?"
Da sieht sie eine Schale
mit kleinen Kugeln.

12

Sie schauen geheimnisvoll
und irgendwie billiger aus.
Auf einem Schildchen steht:

Esmeralda schnuppert daran.
„Das ist
getrockneter Hasendreck!",
ruft sie.
„Ich lass mich doch nicht
für dumm verkaufen!"

Wütend zischt sie ab.

Aber jetzt hat Esmeralda
eine Idee.

Sie sammelt im Wald
Vogelfedern und Haselnüsse
und fädelt sie
auf eine Schnur.

Es wird eine süße Halskette.

Das ist ihr Geschenk
für Trixi.

14

„Selbst gemacht",
erklärt sie stolz.
„Und alles, alles Gute
zum Geburtstag!"
„Danke, Esmeralda",
sagt Trixi gerührt.
„Das ist
das schönste Geschenk,
das ich seit
zweihundertfünfzig Jahren
gekriegt habe."

Der Geburtstags-Mond

Die Prinzessin wünscht sich
den Mond zum Geburtstag.
„Wenn ich den nicht kriege",
sagt sie, „ist mir alles
total egal."
„Aber Kind",
sagt die Königin,
„der Mond ist für alle da."

„Ist mir doch egal",
sagt die Prinzessin
und legt sich ins Bett.
„Ich stehe nie,
nie wieder auf!"
Der König sorgt sich:
„Soll ich dich
mit einer Rakete
auf den Mond schießen lassen?"

„Nein", sagt die Prinzessin,
„Ich will den Mond
hier haben."
„Aber das ist unmöglich",
meint der König.

„Ist mir doch egal",
sagt die Prinzessin
und dreht das Gesicht
zur Wand.
Sie ist schon ganz schwach.

Nachts scheint der Mond
ins Zimmer.
Die Prinzessin hat
solche Sehnsucht.
„Warum bist du so weit weg,
lieber Mond?"
„Ist er ja gar nicht",
sagt der Hofnarr,
der auf dem Fensterbrett sitzt.

„Schau, der Mond
ist im Apfelbaum."
Sofort klettert er hinauf
und pflückt den Mond.
Dann legt er ihn
der Prinzessin aufs Bett.
Der Mond ist hell
und silberweiß!

20

Er prickelt und kitzelt
ein bisschen.
„Bist du nun zufrieden?",
fragt der Hofnarr.
Die Prinzessin nickt.
„Ja", sagt sie.
Und selig lächelnd
schläft sie ein.

Am anderen Morgen
ist der Mond fort.
„Ist mir doch egal",
sagt die Prinzessin fröhlich.
„Jetzt hab ich Hunger.
Mama, was gibt's
zum Frühstück?"

Ein Geschenk für Papa

Herr Superreich ist
der reichste Mann der Welt.
Übermorgen hat er Geburtstag.

„Was wünschst du dir, Schatz?",
fragt seine Frau.
„Nichts",
sagt Herr Superreich traurig.
„Ich hab doch schon alles."

Da kommt sein Sohn.
„Papa, möchtest du
eine neue Armbanduhr?"
Herr Superreich hat schon
fünfzig Armbanduhren.
„Nein, danke", sagt er
und lässt den Kopf hängen.

Da kommt seine Tochter Bianca.
„Ich hab schon ein Geschenk
für dich, Papa."

„Was denn?",
fragt er neugierig.
„Wird nicht verraten",
sagt Bianca.
Herr Superreich freut sich.
Er kann es gar nicht abwarten.

Endlich ist der Geburtstag da.

„Und wo ist mein Geschenk?",

fragt Herr Superreich.

Bianca gibt ihm einen Gutschein.

Herr Superreich freut sich so!

„Und was machen wir jetzt?"

„Jetzt spielen wir."

„Und wie geht das?",

fragt Herr Superreich.

Bianca zeigt es ihrem Vater.

Sie spielen Gummitwist,

Federball und

Kästchenhüpfen.

Drei volle Stunden.

Herr Superreich ist glücklich.

Dann muss Bianca weg.

Sie hat Reitstunden.

„Das machen wir bald wieder",

sagt Herr Superreich.

„Klar, Papa", sagt Bianca.

„Und nicht erst, wenn du

wieder Geburtstag hast."

Voll Spaß!

Marie war noch nie
bei Annette.
Sie steht vor der Tür
und liest:

Herzlich
willkommen
zum ⇒
Geburtstag!

Jetzt klingelt sie.

„Komm rein, Marie!",
sagt Annette und strahlt.
Marie schaut sich um.
Alles ist
ein bisschen schäbig.
Annette hat nicht mal
ein eigenes Zimmer.

30

Aber ganz viele Geschwister:

Elli, Susi, Ralf und Markus.

„Wir spielen gerade

‚Armer schwarzer Kater'",

sagt Annette.

„Man darf dabei

nicht lachen."

Ralf miaut so komisch,
dass Marie
einfach lachen muss.
Jetzt ist sie der Kater.

Sie kniet vor Annette
und maunzt.
Aber die lacht nicht.
Marie krabbelt zu Elli.
Elli kichert sofort los.

Dann trinken sie Kakao
und essen Kuchen.
Er schmeckt wunderbar.
„Und wo sind deine
Geschenke?", fragt Marie.
Sie hat Annette
eine CD mitgebracht,
aber Annette hat
keinen CD-Spieler.

34

Susi lässt den Wellensittich
aus dem Käfig.
„Den haben wir Annette
geschenkt", sagt sie.
„Alle zusammen."

Der kleine Vogel fliegt
sofort auf Maries Kopf.
Marie hält ganz still
und freut sich.
Zu Hause darf sie
kein Tier haben.

Dann schwirrt
der Wellensittich herum
und plumpst
in die Schlagsahne.
Da prusten alle los.

37

„Hat es dir gefallen?",
fragt Annette beim Abschied.
„Hat voll Spaß gemacht",
sagt Marie glücklich.

Im Dschungel

Der Tiger hat Geburtstag.

Aber niemand kommt.

Keiner bringt Geschenke.

Traurig sitzt er

unter seinem Tigerbaum.

Da raschelt es.

„Sssst",
zischt die Schlange.
„Du bist doch
der wilde Tiger."
„Ja, der bin ich",
brüllt der Tiger.

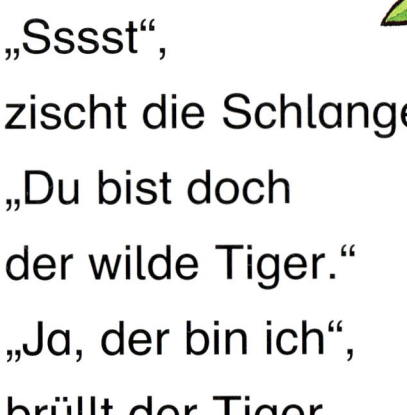

„Ich bin so wild,
dass mich alle fürchten."
„Siehst du",
sagt die Schlange,
„und deshalb bist du allein."

40

„Ach, so ist das",
sagt der Tiger.
„Was soll ich denn tun?"
„Du könntest mal
ein bisschen netter sein",
sagt die Schlange,
„und niemanden fressen."
„Das fällt mir schwer",
sagt der Tiger.
„Aber vielleicht schaffe
ich es heute."

Da sagt die Schlange
allen Tieren,
dass der Tiger heute
nett sein will,
weil er Geburtstag hat.
Und es kommen
der Elefant, das Krokodil,

der Wasserbüffel und
der kleine Angsthase.
Sie bringen viele Geschenke.
Der Tiger brüllt nicht rum
und frisst auch niemanden.
Er ist so froh,
dass er nicht mehr
allein ist.

„Ach, Tiger",
sagt der kleine Angsthase,
„wenn du doch jeden Tag
Geburtstag hättest,
das wär schön!"
Das findet der Tiger auch.

Er beschließt,
dass er ab jetzt
jede Woche einmal
Geburtstag hat.
Und zwar am Sonntag.
Darum ist es jeden Sonntag
furchtbar lustig
beim Tiger
unterm Tigerbaum.

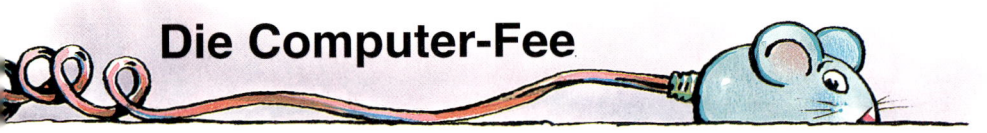

Die Computer-Fee

Moritz ist sauer.

Er hat sich zum Geburtstag

Geld gewünscht.

Viel Geld.

Aber er hat keins gekriegt.

Nur Klamotten, Bücher und

ein blödes Computerspiel.

Moritz kennt es schon,

sein Freund hat es auch.

Es ist ein Kampfspiel.

Jetzt legt er die CD ein.

Langsam kriegt Moritz

wieder gute Laune.

Er lässt
furchtbare Dino-Monster
aufeinander losgehen.
Moritz ist schnell,
schon wieder wälzt
sich eins am Boden.
Wo ist der nächste Feind?

Da kommt eine lila Wolke
auf den Bildschirm.
Moritz will schon losballern,
da verwandelt sie sich
in eine Superfrau
mit Flimmersternchen.

„Hallo, ich bin
deine Geburtstags-Fee",
sagt sie.
„Du hast drei Wünsche frei."

„Krass", sagt Moritz.

„Du bist doch nur

ein Computer-Programm."

Die Fee ist beleidigt.

„Ich kann ja wieder gehen",

sagt sie.

„Halt!", ruft Moritz schnell.

„Ich wünsche mir Kohle,

viel Kohle!"

Plötzlich prasseln
schwarze Brocken auf Moritz.
Ein ganzer Haufen.
Alles ist total dreckig.
„Hast du 'nen Knall?",
hustet Moritz.

Da knallt es so furchtbar,
dass der Computer fast platzt
und der Monitor raucht.
„Hör auf!", brüllt Moritz.

Plötzlich ist es still.
Die Geburtstags-Fee lächelt:
„Du hast dir wirklich
komische Sachen
zum Geburtstag gewünscht."

Omas Geburtstag

Lilo geht mit Mama
und Papa zu Oma.
Die hat heute Geburtstag.
Onkel Theo und Tante Pia
sind schon da.
Es gibt
Schwarzwälder Kirsch,
Lilos Lieblingstorte.
Danach will Onkel Theo
den Fernseher einschalten.

Aber Lilo sagt: „Nein!
Die Oma soll erzählen.
Von früher, bitte!"
„Früher war alles schöner",
seufzt Tante Pia.

„Nun ja", sagt Oma,
„es war nur anders.
Wir haben immer viel
gesungen, wisst ihr noch?"

54

„Sing doch mal, Oma!",
sagt Lilo.
„Wartet noch", sagt Papa.
„Wo ist eigentlich
die alte Gitarre?"
Mama holt sie
aus Omas Schlafzimmer.

Onkel Theo stellt
das Kaffeegeschirr
zum Schlagzeug zusammen.
Und dann singt Oma
„Im Frühtau zu Berge".
Alle singen mit.

Sogar Lilo.
Sie hat das Lied
in der Schule gelernt.
Oma fragt:
„Lilo, kennst du
noch ein Lied?"

Lilo nickt und singt:
„Meine Oma fährt
im Hühnerstall Motorrad,
meine Oma ist
'ne ganz moderne Frau."
„Wau-wau!", bellen
Papa und Onkel Theo
begeistert mit.

Draußen wird es dunkel.

Aber keiner will nach Hause.

Sie singen noch ganz lange.

„Jetzt war's so schön

wie früher", sagt Lilo.

„Genau", sagt Oma,

„aber früher warst

du leider nicht dabei."

„Aber jetzt", sagt Lilo.

„Freust du dich, Oma?"

„Und wie", sagt Oma.

Ingrid Kellner studierte an der Graphischen Akademie München und arbeitete in der Werbung. Nach mehreren New-York-Aufenthalten machte sie sich selbstständig und illustriert seit 1972 Bilder-, Kinder-, Sach- und Schulbücher. Seit einigen Jahren ist sie auch als Autorin tätig.

Betty Sack wurde 1961 in Paris geboren und studierte Grafik-Design in Frankfurt. Inzwischen hat sie als freie Illustratorin jede Menge Bücher bebildert, darunter viele Cartoons für Erwachsene und Kinderbücher. Betty Sack hat zwei Katzen, die ihr beim Zeichnen ganz genau zugucken.

Lesepiraten ahoi !

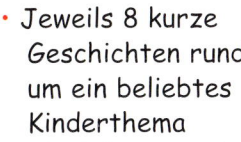

- Jeweils 8 kurze Geschichten rund um ein beliebtes Kinderthema
- Ideal für junge Leser ab 7 Jahren
- Durchgehend farbig illustriert
- 64 Seiten Umfang